Massimo Corallo

Il buio della Fede

Massimo Corallo

Il buio della Fede

La messa è finita, Lourdes, Habemus Papam: il Cinema come espressione della crisi dell'Uomo.

Edizioni Sant'Antonio

Imprint
Any brand names and product names mentioned in this book are subject to trademark, brand or patent protection and are trademarks or registered trademarks of their respective holders. The use of brand names, product names, common names, trade names, product descriptions etc. even without a particular marking in this work is in no way to be construed to mean that such names may be regarded as unrestricted in respect of trademark and brand protection legislation and could thus be used by anyone.

Cover image: www.ingimage.com

Publisher:
Edizioni Accademiche Italiane
is a trademark of
International Book Market Service Ltd., member of OmniScriptum Publishing Group
17 Meldrum Street, Beau Bassin 71504, Mauritius

Printed at: see last page
ISBN: 978-613-8-39231-6

UNIVERSITÀ DEGLI STUDI DI CATANIA

FACOLTÀ DI LETTERE E FILOSOFIA

CORSO DI LAUREA IN SCIENZE DELLA COMUNICAZIONE

MASSIMO CORALLO

IL BUIO DELLA FEDE.

La messa è finita, *Lourdes*, *Habemus Papam*: il cinema come espressione della crisi dell'uomo.

Relatore:
Chiar.mo prof. Alessandro De Filippo

È scritto infatti che Dio è luce (1Gv 1,5),
non la luce che vedono i nostri occhi,
ma quella che vede il cuore,
quando sente dire: è la Verità.

Agostino d'Ippona

BIBLIOGRAFIA

Angela Ales Bello, *Husserl: sul problema di Dio*, Edizioni Studium, Roma 1985.

Ewa Mazierska e Laura Rascaroli, *Il cinema di Nanni Moretti. Sogni e diari*, Gremesse Editore, Roma 2006.

Federica Villa, *Nanni Moretti: Caro diario*, Edizioni Lindau, Torino 2007.

Fonti Francescane, Editrici Francescane, Padova 2004.

Gabriele Rizza, Giovanni Maria Rossi e Aldo Tassone (*a cura di*), *L'intransigenza della ragione. Il cinema di Nanni Moretti*, Aida ed., Firenze 2008.

Georgette Ranucci e Stefanella Ughi (a cura di), *Nanni Moretti*, Dino Audino, Roma 1993 (4. ed. aggiornata: 2001).

Gianfranco Mascia, *Qualcosa di Sinistra. Intervista a Nanni Moretti*, Fratelli Frilli Editori, Genova 2002.

Gianni Canova, *L'alieno e il pipistrello: la crisi della forma nel cinema contemporaneo*, Bompiani ed., Milano 2000.

Gianni Vattimo e Pier Aldo Rovatti, *Il pensiero debole*, Feltrinelli, Milano 2010.

Giuseppe Coco, *Nanni Moretti: cinema come diario*, Paravia Bruno Mondadori, Milano 2006.

La Bibbia di Gerusalemme, Centro Editoriale Dehoniano, Bologna 2009.

Martin Heidegger, *Ormai solo un dio ci può salvare*, Guanda ed., Parma 2011.

Massimo Prampolini, *Ferdinand de Saussure*, Maltemi ed., Roma 2004.

Memmo Giovannini, Enrico Magrelli, Mario Sesti, *Nanni Moretti*, Edizioni Scientifiche Italiane, Napoli 1986.

Paola Ugo e Antioco Floris (a cura di), *Facciamoci del male. Il cinema di Nanni Moretti*, CUEC/Tredicilune ed., Cagliari 1990.

Roberto De Gaetano, *La sincope dell'identità. Il cinema di Nanni Moretti*, Edizioni Lindau, Torino 2002.

Roy Menarini, *Nanni Moretti: Bianca*, Edizioni Lindau, Torino 2007.

Teresa di Calcutta, *Sii la mia luce*, Kolodiejchuk B. (*a cura di*), Biblioteca Universitaria Rizzoli, Milano 2009.

Valentina Cordelli e Riccardo Costantini (*a cura di*), *Ecce Nanni! Il cinema di Nanni Moretti*, Centro Espressioni Cinematografiche, Udine 2006.

Vittorio Possenti, *Il nichilismo teoretico e la «morte della metafisica»*, Armando Editore, Roma 1995.

INTRODUZIONE

In questo studio viene preso in esame il grande tema della ricerca esistenziale del divino da parte dell'uomo, secondo il punto di vista e il linguaggio della Cinematografia contemporanea.

Partendo da due registi di fama internazionale quali l'italiano Nanni Moretti e l'austriaca Jessica Hausner, dalla loro provocatoria sensibilità al tema della fede e del drammatico dubbio che ne accompagna lo svolgimento di alcuni loro *film*, sono messi in luce le dinamiche, le tecniche, gli approcci e le scelte operate da entrambi nello sviluppo del tema. Ne viene fuori un complesso quadro di lavoro che fa emergere una chiara proposta di riflessione e di coinvolgimento emotivo e intellettuale a cui lo spettatore moderno ed esigente non si può sottrarre.

Fede e Dubbio, Dio e Nulla, Lotta e Resa, Felicità e Tristezza, Gioia di vivere e Solitudine: sono alcuni dei *tòpoi* visitati o addirittura "abitati" dai protagonisti in "*La Messa è finita*" (N. Moretti), *Lourdes* (J. Hausner), *Habemus Papam* (N. Moretti); luoghi esistenziali attraverso i quali è dipinta – a tratti essenziali ed emblematici – l'esperienza umana e spirituale dell'uomo contemporaneo e il conseguente vivo e costante interesse da parte del Cinema nel rappresentarli.

La tesi è divisa in tre sezioni. Il primo capitolo cerca di inquadrare la figura dei registi attraverso notizie biografiche, mettendo così in luce le motivazioni e i punti di vista di entrambi gli autori rispetto al tema del dubbio esistenziale e di fede.

Il secondo capitolo costituisce un'analisi specifica delle scelte tecniche e metodologiche attuate nei tre *Film* presi in esame, dei quali viene fornita una trama sintetica che ne evidenzia gli snodi fondamentali.

Il terzo ed ultimo capitolo approfondisce il tema del "Buio della fede", facendo emergere il "come e perché" esso sia trattato con così grande interesse dalla cinematografia contemporanea.

CAPITOLO PRIMO
Notizie biografiche sugli autori

1. Nanni Moretti

Giovanni Moretti, detto Nanni, è un regista, sceneggiatore, attore e produttore cinematografico italiano. Le sue opere sono caratterizzate inizialmente da una visione, in chiave ironica e sarcastica, dei luoghi comuni e delle problematiche del mondo giovanile del tempo, per poi indirizzarsi verso una critica più sostanziale della società italiana e dei suoi costumi.

Nasce a Brunico, in provincia di Bolzano, da genitori entrambi insegnanti: la madre Agata Apicella, professoressa di lettere al liceo classico, e il padre Luigi, docente universitario di epigrafia greca. Il fratello maggiore Franco è invece docente di letteratura comparata.

Trascorre la sua infanzia a Roma e fin da adolescente inizia a curare le sue due grandi passioni: la pallanuoto e il cinema[1].

1.1. Gli inizi negli anni Settanta

Dopo aver studiato al liceo classico Luciano Manara a Roma e iniziato a frequentare il DAMS di Bologna, nel 1973 gira il cortometraggio *La sconfitta*, con una cinepresa "Super 8"; il film rivisita in chiave comica la crisi di un ex-militante sessantottino. A questa prima opera seguirà un secondo cortometraggio, *Pâté de bourgeois*, nel quale sono trattate alcune storie di amici e di una coppia in crisi (il titolo è un gioco di parole in francese tra *paté de foie gras* (piatto di fegato grasso) ed *épater les bourgeois* (che significa "sorprendere i borghesi").

In quegli anni è iscritto al "Cineclub Roma Sud" insieme a molti altri

[1] Cfr. M. Giovannini, E. Magrelli, M. Sesti, *Nanni Moretti*, Edizioni Scientifiche Italiane, Napoli 1986, pp. 12-23.

futuri professionisti del giornalismo, della sceneggiatura o della regia tra i quali Andrea Garibaldi e Marco Di Tillo.

Nel 1974 gira il mediometraggio *Come parli frate?*, parodia de *I promessi sposi*, in cui interpreta il personaggio di Don Rodrigo.

Nel dicembre del 1976 esce *Io sono un autarchico*, suo primo lungometraggio, girato ancora in Super 8, nel quale appare per la prima volta il personaggio di Michele Apicella (il cognome è quello della madre di Moretti) da lui poi interpretato in altri quattro film. *Io sono un autarchico* ottiene un buon successo di pubblico, rimanendo in programmazione per molto tempo al "Filmstudio" di Roma. Il film è successivamente ristampato in 16 mm e proiettato in altri cineclub romani, e a Berlino e Parigi in occasione dei rispettivi festival cinematografici, iniziando a suscitare l'interesse di alcuni critici (tra cui Alberto Moravia, su *L'espresso* del 9 gennaio 1977).

Nel 1977 riesce a farsi notare dai registi Paolo e Vittorio Taviani, che gli offrono una parte nel film *Padre padrone*: è il commilitone del pastore Ledda, quello che più di ogni altro lo spinge a mettersi a studiare.

L'8 marzo 1978 esce a Roma *Ecce bombo*, il suo primo prodotto professionale. Il film, girato in 16 mm e – fatto raro per l'epoca – in presa diretta, viene presentato in concorso al Festival di *Cannes* e raggiunge un inaspettato successo di pubblico (costato 180 milioni di vecchie Lire, ne incassa 2 miliardi), imponendo l'autore all'attenzione della critica[2].

1.2. Gli anni Ottanta

Nel 1981 esce *Sogni d'oro*, il primo film girato in 35 mm, con il quale Moretti partecipa alla Mostra Internazionale d'Arte Cinematografica di Venezia, ottenendo il Leone d'Argento, Gran Premio della giuria, ma che non raccoglie lo stesso successo di pubblico dei due film precedenti.

Nel 1984 esce *Bianca*, il cui soggetto propone, oltre agli elementi

---

[2] Cfr. P. Ugo e A. Floris (a cura di), *Facciamoci del male. Il cinema di Nanni Moretti*, CUEC/Tredicilune, Cagliari 1990, pp. 43.58.

tipici dei film di Moretti, anche un intreccio da film giallo.

Nel 1985 è la volta di *La messa è finita* in cui Moretti, smessi i panni di Michele Apicella, veste quelli del prete don Giulio; il film, che si avvale della presenza di ineccepibili comprimari come Marco Messeri e Ferruccio De Ceresa, si aggiudica l'Orso d'argento al Festival di Berlino del 1986.

Nel 1987 fonda con Angelo Barbagallo la Sacher Film – casa di produzione cinematografica – con l'intento di dare spazio ad un cinema impegnato realizzato da autori nuovi.

Sempre nello stesso anno, la Sacher Film produce il suo primo film, il riuscito *Notte italiana*, con la regia di Carlo Mazzacurati e con Marco Messeri protagonista.

Nel 1988 è la volta di *Domani accadrà* di Daniele Luchetti, nel quale Moretti interpreta una piccola parte.

Nel 1989 Moretti gira *Palombella rossa*, film nel quale i contenuti politici non appaiono più sottintesi, ma costituiscono una parte integrante della storia[3].

1.3. Gli anni novanta e l'impegno politico

Nel 1990 realizza un mediometraggio sotto forma di documentario, *La Cosa* (il titolo fa riferimento alla definizione di Achille Occhetto del futuro organo politico derivante dalla trasformazione del Partito Comunista Italiano). Il documentario, girato in 16 mm e andato in onda sulla RAI e in poche sale scelte illustra il dibattito interno tra i militanti comunisti nell'ambito della rifondazione del Partito.

Nel 1991 partecipa come co-protagonista al film *Il portaborse* di Daniele Luchetti, dove interpreta l'infame ministro Cesare Botero. Il film *"ottiene un grande successo anche per i riferimenti alla situazione politica italiana del momento"*. Nello stesso anno prende in gestione e fa ristrutturare una vecchia sala cinematografica nel quartiere romano di

---

[3] Cfr. *Idem*, pp. 46-62.

Trastevere, *il Nuovo Cinema*, con l'intenzione di creare uno spazio di nuovo tipo nell'ambito delle sale cinematografiche. Il 1° novembre 1991 il cinema "Nuovo Sacher" è inaugurato con la proiezione del film *Riff Raff* di Kenneth Loach, esempio di quel cinema impegnato che Moretti ricerca per la sua sala e il suo pubblico.

Nel 1993 realizza *Caro diario*, film costituito da tre episodi (*In vespa*, *Le isole*, *Medici*) di carattere autobiografico, girato quasi sotto forma di documentario, in cui Moretti interpreta per la prima volta se stesso e non più l'alter-ego Michele Apicella o altri personaggi. Il film ottiene il premio per la miglior regia al Festival di *Cannes* del 1994. In un cameo appare Jennifer Beals. Inizia in questo periodo, l'accentuarsi dell'impegno politico di Moretti, che coordina e produce *L'unico paese al mondo*, cortometraggio composto da nove episodi caratterizzati da una visione critica e pessimistica del futuro del paese nel caso di affermazione elettorale della coalizione di centrodestra; Nanni Moretti dirige l'ultimo episodio[4].

Nel 1995 produce e interpreta *La seconda volta*, opera prima di Mimmo Calopresti, incentrata sulla storia dell'incontro casuale fra la vittima di un attentato terroristico, il professor Alberto Sajevo, ed una degli attentatori (interpretata da Valeria Bruni Tedeschi); il soggetto è liberamente tratto dal libro autobiografico *Colpo alla nuca* di Sergio Lenci.

Nel 1996 gira il cortometraggio *Il giorno della prima di Close Up*, in cui descrive la sua preoccupazione per un eventuale esito negativo della prima visione nel cinema "Nuovo Sacher" di un film non propriamente commerciale (il citato *Close Up* del regista iraniano Abbas Kiarostami).

Nel 1997 fonda, insieme con Roberto Cicutto e Luigi Musini, la società di distribuzione "Tandem", che pochi mesi più tardi, dopo aver distribuito il film *Aprile*, prenderà il nome di "Sacher Distribuzione".

Nel 1998 esce il film *Aprile*, strutturato ancora una volta in forma di diario e in cui Moretti continua a interpretare se stesso.

---

[4] Cfr. F. Villa, *Nanni Moretti: Caro diario*, Edizioni Lindau, Torino 2007, pp. 5-38.

1.4. Dalla Palma d'Oro di Cannes ad oggi

Nel 2001 è la volta de *La stanza del figlio*, in cui vengono descritti gli effetti che la morte accidentale di un figlio provoca in una famiglia di ceto medio. Il film riceve la Palma d'oro al Festival di *Cannes* e il David di Donatello.

Nel 2002 gira il cortometraggio *The Last Customer*, documentario in cui viene descritta la storia di una famiglia di New York costretta a chiudere la farmacia che gestisce da due generazioni a causa dell'imminente abbattimento del palazzo in cui si trova.

Nello stesso anno, facendosi portavoce di una diffusa posizione critica sia nei confronti del governo di centrodestra che degli esponenti del centrosinistra, è tra i promotori del "movimento dei girotondi".

Nel 2003 gira il cortometraggio *Il grido d'angoscia dell'uccello predatore (20 tagli d'Aprile)*, documentario realizzato con spezzoni tratti dal film *Aprile*.

Nel 2006 torna al lungometraggio girando *Il caimano*, ispirato alla figura di Silvio Berlusconi. Il film, presentato nel pieno della campagna elettorale per le elezioni politiche di quello stesso anno, ha suscitato numerose polemiche presentando scenari apocalittici che sarebbero seguiti a un rifiuto del *leader* di "Forza Italia" di abbandonare il potere. Nel film sono inoltre presenti brani di apparizioni televisive di Berlusconi[5].

Il 27 dicembre 2006 Nanni Moretti accetta la nomina di nuovo direttore artistico del "Torino Film Festival", ma due giorni più tardi, in seguito ad una polemica da parte di alcuni ideatori della manifestazione, decide di rinunciare all'incarico. Dopo un mese di polemiche, contestazioni e dopo il suo rifiuto, il 25 gennaio 2007 il regista accetta la direzione della rassegna torinese.

A febbraio 2007 si separa dal socio Angelo Barbagallo con cui ha fondato la "Sacher Film"; è lo stesso Angelo Barbagallo che dice: «La

---

[5] Cfr. G. Mascia, *Qualcosa di Sinistra. Intervista a Nanni Moretti*, Fratelli Frilli Editori, Genova 2002, pp. 18-41.

separazione tra me e Nanni c'è, ma si tratta di una separazione serena e consensuale, senza traumi e dissapori, da vecchi amici»[6].

È protagonista e sceneggiatore del film *Caos calmo*, tratto dall'omonimo libro di Sandro Veronesi e diretto da Antonello Grimaldi, la cui uscita nelle sale è avvenuta l'8 febbraio 2008.

Successivamente, vengono annunciati dallo stesso Moretti due nuovi documentari, *È successo in Italia*, sull'ascesa in politica di Silvio Berlusconi, e un progetto ancora senza titolo sul Partito Comunista Italiano.

Il 15 aprile 2011 esce nelle sale *Habemus Papam*, undicesimo film di Nanni Moretti, girato a Roma. La pellicola è prodotta dalla casa di produzione del regista, la "Sacher Film", assieme a "Fandango", "Rai Cinema" e alla società francese "*Le Pacte*". Il cast vede come protagonista Michel Piccoli e la partecipazione di Jerzy Stuhr, Renato Scarpa, Margherita Buy, Franco Graziosi e lo stesso Nanni Moretti. Viene presentato in concorso al Festival di Cannes 2011[7].

Habemus Papam e *La messa è finita* saranno oggetto del nostro approfondimento nei prossimi capitoli.

---

[6] http://www.repubblica.it/2007/02/sezioni/spettacoli_e_cultura/moretti-barbagallo/moretti-barbagallo/moretti-barbagallo.html.

[7] Cfr. G. Ranucci e S. Ughi (a cura di), *Nanni Moretti*, Dino Audino ed., Roma 1993, pp. 78-112.

2. Jessica Hausner[8]

Jessica Hausner nasce il 6 ottobre 1972 a Vienna.

Dal 1991 al 1994 frequenta i corsi di regia della *Filmakademie* (Accademia cinematografica di Vienna).

Dopo aver lavorato come aiuto regista e sceneggiatrice, la Hausner esordisce dietro la macchina da presa nel 1995 con il cortometraggio *Flora*, con il quale vince il concorso "Pardi di domani" al Festival di Locarno.

Nel 1999 firma il suo secondo corto *Inter-View*, e ottiene il premio della giuria di “Cinefondazione” al Festival del Cinema di *Cannes*.

Due anni dopo, *Lovely Rita*, il suo primo lungometraggio, è presentato nella sezione *Un Certain Regard* al Festival del Cinema di *Cannes*.

Il suo secondo lungometraggio *Hotel* è anch'esso selezionato per la sezione *Un Certain Regard* di Cannes nel 2004 e con esso vince il Gran Premio per il Migliore Lungometraggio Austriaco alla “Diagonale” 2005 (Festival del Cinema in Austria).

Nel 2009 presenta alla 66ma Mostra del Cinema di Venezia il suo ultimo lavoro dal titolo *Lourdes* che, oltre a ricevere il premio FIPRESCI (federazione internazionale della stampa cinematografica), è riuscito nel sorprendente risultato di essere premiato sia dall'Organizzazione Cattolica per il cinema (Premio SIGNIS) che dall'Unione degli Atei e degli Agnostici Razionalisti (Premio Brian).

Anche quest’ultimo lavoro di Jessica Hausner sarà oggetto del nostro studio, nei capitoli seguenti.

---

[8] Cfr. http://www.mymovies.it/biografia/?r=17464.

CAPITOLO SECONDO

La Messa è finita, Lourdes, Habemus Papam: trama, analisi tecnica e metodologica

1. La Messa è finita (N. Moretti - 1985)

A solo un anno di distanza da *Bianca*, Nanni Moretti realizza *La messa è finita* (1985), film in cui per la prima volta smette i panni del suo *alter ego* "Michele Apicella" per indossare le vesti di un prete[9].

Don Giulio torna nella natia Roma, dopo un lungo soggiorno su una piccola isola. Inizialmente fiducioso di ritornare alla sua vita di un tempo, si accorge presto che nulla è rimasto come l'ha lasciato e come sperava di trovare.

La sua famiglia si sta disgregando: il padre se n'è andato a vivere con un'amica di sua figlia, la sorella Valentina sta lasciando il fidanzato da cui aspetta un figlio che non vuole tenere, la madre è in preda alla disperazione per l'abbandono del marito.

Anche la condizione dei suoi amici di gioventù lo delude e lo addolora, mentre la parrocchia di periferia dove don Giulio dovrebbe esercitare la sua missione è abbandonata, poiché il parroco suo predecessore ha dato scandalo sposandosi.

Don Giulio cerca invano di rendersi utile ai suoi parenti ed amici, ma oppresso dal malessere altrui, dalla sua impotenza e impossibilità di aiutare chi lo circonda, deciderà di partire per la Patagonia dove «c'è un vento che fa diventare pazzi…».

Fin dalle sequenze iniziali del film, si intuisce che don Giulio è un prete anomalo nei cui comportamenti si ritrova la maniacalità e

---

[9] V. Cordelli e R. Costantini (a cura di), *Ecce Nanni! Il Cinema di Nanni Moretti*, Centro Espressioni Cinematografiche ed., Udine 2006, pp. 26-29.

l'insofferenza che hanno contraddistinto i personaggi dei lavori precedenti. Come ha dichiarato il regista stesso, *La messa è finita* non è un film sui preti: non vuole descrivere la condizione ecclesiastica dell'Italia contemporanea né la crisi religiosa del nostro paese. È, anzi, un film intimamente laico che mette lo spettatore di fronte alla consapevolezza che nemmeno la religione formalmente vissuta può offrire delle risposte al dramma della solitudine né a quello della morte. «È triste morire senza figli»: erano le ultime parole di Michele Apicella in *Bianca*[10].

Don Giulio, ancora sull'isola, celebra un matrimonio e ammonisce i due sposi raccomandando loro tre cose: «la fedeltà reciproca, l'educazione dei figli e la fedeltà reciproca», rivelando che il protagonista si troverà a dover affrontare l'ossessione per le coppie felici e la fobia della sessualità parallele al mito della famiglia e della madre, infine l'incapacità di staccarsi dall'infanzia[11].

Il desiderio di appropriarsi delle vite altrui e di una normalità che gli risulta inaccessibile, è qui giustificato dal suo essere sacerdote, dall'isolamento imposto dal suo abito e dalla sua missione di partecipare alle sofferenze del prossimo. Don Giulio è incapace di scendere a compromessi e di accettare le infelicità altrui («credo che la vita sia fatta per la felicità e non per il dolore»), mentre la gente che lo attornia sembra fare di tutto per stare male e pretende da lui, in virtù del suo ruolo, comprensione e perdono. La sua impotenza di fronte ai drammi dei suoi amici e parenti lo porta a stringersi in un isolamento sempre più grande e a cedere all'incapacità di comunicare e di ascoltare il dolore che lo circonda[12].

Don Giulio sembra non tollerare la realtà che gli si rivela e si difende usando la musica, i rumori o la sua stessa voce per coprire parole che non vuole udire. Così urla per non sentire il pianto della madre, e, mentre sua

---

[10] Cfr. R. Menarini, *Nanni Moretti: Bianca*, Edizioni Lindau, Torino 2007, p. 137.
[11] Cfr. R. De Gaetano, *La sincope dell'identità. Il cinema di Nanni Moretti*, Edizioni Lindau, Torino 2002, pp. 130-142.
[12] Cfr. *Ibidem*.

sorella gli legge una lettera d'amore di suo padre alla nuova compagna, alza progressivamente il volume della radio fino a quando la voce della Bertè sovrasta completamente le parole di Valentina, in una scena tanto intensa quanto sgradevole nella sua amarezza.

Il moralismo e l'intransigenza di don Giulio gli impediscono di comprendere e di immedesimarsi nelle vite degli altri e, più che la fede cristiana, è il suo infantile ideale della famiglia che non gli permette di sopportare la volontà di abortire della sorella, il padre che abbandona la sua famiglia per una donna molto più giovane, l'ex parroco che non perde occasione di alludere alla sua vita sessuale[13]. Don Giulio, di fronte ad una realtà dolorosa che non riesce ad accettare e che lo rifiuta, trova come unico rifugio la regressione all'infanzia, il solo momento della vita di un uomo in cui la felicità è concreta, si materializza nelle "nogatine", nella cioccolata calda che gli comprava la madre, nelle pallette di gomma che lui ancora conserva[14].

Di fronte alla disgregazione della sua famiglia, cerca invano la realizzazione della "Sacra Famiglia" a casa dell'ex parroco: rivendica il suo diritto a giocare con i trenini, a giocare a pallone insieme ai ragazzi della parrocchia, dai quali però è lasciato solo, disteso a terra, nel campo assolato. L'infanzia è altrove, ormai irraggiungibile... Don Giulio subirà lo strappo definitivo dalla sua infanzia con il suicidio della madre, imperdonabile gesto che lo lascia definitivamente solo: «Perché l'hai fatto? Ora chi ci pensa a me?» - dirà nel toccante monologo di fronte al corpo senza vita della madre. Questo avvenimento lo costringe a crescere e ad abbandonare il nido della memoria, e rappresenta uno dei momenti più importanti nella filmografia di Nanni Moretti[15].

---

[13] Cfr. G. Rizza, G. M. Rossi e A. Tassone (*a cura di*), *L'intransigenza della ragione. Il cinema di Nanni Moretti*, Aida ed., Firenze 2008, pp. 72-81.
[14] Cfr. R. De Gaetano, *La sincope dell'identità. Il cinema di Nanni Moretti*, Edizioni Lindau, Torino 2002, pp. 130-142.
[15] Cfr. *Ibidem*.

1.1. Scelte tecniche e metodologiche

La Messa è finita segna una cesura nella produzione del regista sia nella decisiva evoluzione psicologica del suo *alter ego*, sia nella scelta di una struttura maggiormente narrativa e di una forma più classica di racconto e messa in scena[16].

L'abbandono, almeno formale, del personaggio di Michele Apicella aiuta il regista a cedere di meno all'autoreferenzialità e all'autarchia dei suoi lavori precedenti. Lo sguardo di Moretti si allarga dalle sue ossessioni personali per abbracciare la tematica di una condizione di solitudine universale, di un'infelicità senza riscatto, con meno sarcasmo e più desolazione.

«Ti senti sola con la tua libertà»: il monito di Moretti è quello che non esiste libertà nella solitudine. Sulle note di *Ritornerai* di Bruno Lauzi, don Giulio, nella scena finale, sorridendo, guarda per l'ultima volta riconciliarsi i suoi cari, in una danza felice che non è nient'altro che sogno e allucinazione.

La messa è finita è un film gustoso e interessante, si ride anche. Lo spettacolo è fine, diverso; qualche incertezza iniziale ma poi prende, piace.

Sotto l'espressività giovane, viva, spontanea si avverte un mestiere paziente e maturo. Le situazioni sfrecciano sullo schermo incisive, spesso con sbocchi a sorpresa; c'è ironia, dolcezza, stupore, delusione; e poi scatti improvvisi di irritazione, un velo di tristezza.

Il primo piano è monopolio di don Giulio, umanissimo, un po' nevrotico, lunare. L'attore Moretti è fin troppo bravo, simpatico e mostra fin troppo di saperlo. Eppure quello sceneggiato da Moretti e da Sandro Petraglia, non è un film comico: alimenta dentro un senso sottile e vago di disagio, di accoramento. Si risolve in una resa alla solitudine: la partenza di Giulio è una sconfitta e il Polo un'illusione da avventura adolescenziale; in capo al mondo egli sarà probabilmente ancora un perdente.

Suo padre e Valentina non entrano nella danza finale, restano

---

[16] Cfr. E. Mazierska e L. Rascaroli, *Il cinema di Nanni Moretti. Sogni e diari*, Gremesse Editore, Roma 2006, pp. 127-136.

immobili, isolati, taciturni nel banco: come andrà a finire? Valentina abortirà? Il vecchio ora vedovo avrà davvero un figlio dalla sua ragazza?

Non mancano in *La Messa è finita* sfasature e lacune, a partire dal modo sommario ed esteriore col quale è delineata la figura dei personaggio principale, un sacerdote dei nostri giorni, interpretato dallo stesso Moretti. Del tutto assenti sono, ad esempio, le motivazioni profonde, cioè spirituali, della sua vocazione.

Un altro aspetto che lascia perplessi è la bruttezza, anche fisica, della maggior parte dei personaggi che circondano il protagonista: «Un campionario di umanità laida e repellente, che mette a dura prova non solo la virtù cristiana del sacerdote, ma anche il gusto estetico dello spettatore» (Virgilio Fantuzzi, in "Civiltà Cattolica", 12 dicembre 1985).

«Critico implacabile degli aspetti cannibaleschi e fessacchiotti del '68, Moretti ne è uno dei pochi eredi nella voglia nevrotica, candida e assoluta di cambiare il mondo. Un moralista neoromantico. Nel suo film Moretti ha ancora meno voglia di ridere che in "Bianca": le situazioni che si sgranano sullo schermo, sempre brevi e talvolta fulminanti, solo raramente meno incisive del necessario, sono connotate da una blanda ironia» (Tullio Kezich, in "la Repubblica", 16 novembre 1985).

Lo sguardo di Moretti sulla società è duro, mostra tanti piccoli-grandi problemi che sorgono nella società attuale: i bambini viziati, l'egoismo, l'aborto, la violenza, i tradimenti, la perdita della fede religiosa[17].

Moretti in questo film richiama i vecchi valori della famiglia, della fratellanza e dell'amicizia sui quali poteva contare e che non ritrova più nella società contemporanea[18].

È difficile valutare questo film, soprattutto perché non è di facile comprensione e perché è molto duro, a molte persone potrebbe non piacere.

---

[17] Cfr. G. Coco, *Nanni Moretti: cinema come diario*, Paravia Bruno – Mondadori ed., Milano 2006, p. 57.
[18] Cfr. *Ibidem*.

Considerando più gli aspetti tecnici e le scelte metodologiche attuate nel film, la fotografia appare semplice ma curata e piena di belle inquadrature e riprese molto efficaci.

La colonna sonora si sposa benissimo con le immagini sullo schermo; tre brani di rilievo percorrono questo film: *"Ritornerai"* di Bruno Lauzi, *I treni di Tozeur* di Franco Battiato, *Sei bellissima* di Loredana Bertè, così come la musica strumentale di Nicola Piovani.

I dialoghi, come in tutti i film di Moretti, sono molto intensi: è eccezionale come potenza e commozione il discorso che fa don Giulio alla mamma morta suicida, ma anche il discorso che fa mentre "celebra" il secondo matrimonio.

Gli attori sono tutti molto credibili. La stranezza di ognuno è coniugata naturalmente in quella strana realtà che l'intero film vive e fa vivere. Il protagonista rappresenta – in questa prospettiva – la chiave di volta di tutta la composizione.

Il risultato è, secondo molti critici, un'interessante proposta di riflessione sul senso della vita nella quale "le solitudini" e le ombre dei dubbi prendono spesso il posto delle gioie del vivere e delle certezze.

2. Lourdes (Jessica Hausner - 2009)

La prima inquadratura del film si apre su una spaziosa sala d'albergo, dove si stanno preparando le tavole per il pasto di un folto gruppo di pellegrini che subito dopo occupano i posti loro assegnati. Alcuni sono su carrozzelle, spinte da dame e volontarie.

Potrebbe sembrare strano che un film con quel titolo cominci con gente che mangia, ma la scena è quanto mai coerente con quanto si vedrà dopo.

Chi va a Lourdes lo fa per star meglio nel corpo, ma soprattutto nello spirito. «Sono paralizzato, sono stata abbandonata dal fidanzato, mi trovo confusa dentro...»: basta ascoltarli mentre mangiano. Qui non si bara, non si raccontano storie inventate. Qui stanno male tutti, chi per un motivo, chi per un altro. E le confidenze reciproche non ne fanno mistero.

La responsabile del pellegrinaggio sta male anche lei, sta forse peggio di tutti, dal momento che ad un certo punto la vediamo bisognosa d'essere ricoverata, dopo un improvviso svenimento, sempre pallida e completamente senza capelli. Il cancro l'ha ridotta in pericolo di vita. Si è data agli altri fino alla fine. La lezione è compresa dai suoi colleghi in servizio e dai pellegrini.

Sono tre le categorie dei volontari: ragazze giovani ed inesperte, spesso distratte e talvolta svogliate, malgrado la buona volontà iniziale; i Cavalieri di Malta; i *Brancardiers* affiancati da suore e diretti dal sacerdote cattolico come animatore religioso.

La regista insiste fin dall'inizio inquadrando una giovane sulla sedia a rotelle (è Christine, la protagonista). Quest'ultima riconosce in un cavaliere la persona incontrata in un precedente viaggio a Roma («meglio Roma che Lourdes!»). La malattia l'ha resa non autosufficiente e deve dipendere in tutto dagli altri. Quando casualmente rivede il cavaliere, gli sorride compiaciuta, ricambiata con gentilezza.

La vita nella città mariana per eccellenza si svolge secondo modi e tempi consacrati dalla tradizione: preghiera alla santa Grotta, accensione di candele votive, assunzione dell'acqua miracolosa, bagni nelle piscine dalle quali qualcuno – si dice – ogni tanto esce guarito. È il miracolo... «ma la Chiesa è molto severa prima di riconoscerlo!», spiega al momento opportuno un medico della commissione esaminatrice.

La fede e la devozione a Lourdes non conoscono falsa modestia e pudore nel manifestarsi anche in pubblico. C'è gente che prega per strada, che s'inginocchia davanti alla statua della Vergine Bianca senza vergogna d'essere presa per fanatica.

Il rispetto della regista di fronte a scene di pietà è completa, senza secondi fini mascherati con riprese forzate.

La divisione strutturale del film in due parti, precedute da un prologo (l'arrivo dei partecipanti al pellegrinaggio) e da un epilogo, è chiaramente riscontrabile: prima e dopo il "miracolo".

Prima tutto si svolge secondo regole e consuetudini collaudate da un secolo e più di frequentazione mondiale a Lourdes. L'impressione, anzi la convinzione che lo spettatore riceve circa la giovane ammalata in carrozzella sempre ripresa in particolare dalla regista, è che la poveretta sia affetta da una malattia grave. Non può camminare, non può cibarsi da sola. In ogni altra necessità e bisogno corporale dev'essere assistita da volontari e da infermieri.

Dopo il "miracolo" viene raccontato per gradi: l'ammalata comincia a muovere la mani e la braccia, riesce a scendere da sola dal letto, muove i primi passi incerti dopo essersi rivestita senza alcun aiuto. Quando si presenta in pubblico suscita ammirazione, curiosità, persino l'incredulità di un'ospite anziana che si dimostra molto scettica circa il fatto (fino alla fine del film dubita fortemente della guarigione, come la categoria degli scettici circa i miracoli dei quali senza volerlo fa parte!).

Il medico interpellato sul caso sentenzia che la malattia della giovane procede con periodi di recrudescenza e di momentanea ripresa di benessere fisico e sentimentale e lancia indirettamente al pubblico, oltre che agli interessati, il suo prudente dubbio circa la guarigione: «In futuro si vedrà come andrà».

Per i pellegrini viene organizzata un'escursione in montagna sui Pirenei (riprese di natura spettacolare di gruppi di persone appollaiate su pendii scoscesi e apparentemente molto pericolosi...). La giovane partecipa con entusiasmo. È quello che da tanto tempo aspettava: camminare da sola, vedere il mondo, frequentare la gente. Lo fa in modo tale che vorrebbe convincere tutti della sua guarigione prodigiosa (anche se la giovane non la definisce mai tale!).

L'incontro affettuoso con il "suo cavaliere" manifesta la volontà di riprendere a vivere normalmente la vita come tutti, almeno come tutti quelli che stanno bene – secondo lei, e ricomincia a fare progetti per il futuro, a sognare. In suo onore le vengono tributati applausi e congratulazioni, e lei ringrazia felice e riconoscente verso tutti. Durante la festa, organizzata dai pellegrini all'interno dell'albergo, desidera anche lei ballare in coppia con il suo cavaliere come fanno tutti.

Nello svolgimento d'una elegante piroetta cade a terra, ma riesce a rialzarsi da sola. È affranta però. Non le resta che riaccomodarsi nella sua carrozzella. La festa continua ma ''la miracolata'' non può, almeno per il momento, continuare a prenderne parte attiva.

In quella scena sembra che vi sia l'intenzione della regista di condurre lo spettatore a mettere in dubbio l'avvenuto "miracolo". Certamente non s'è verificato quello interiore, più volte dichiarato indispensabile, non per la vita fisica, ma per la vita cristiana, come insisteva il sacerdote con coloro che gli rivolgevano domande teologiche esistenziali e inquietanti: «Perché Dio onnipotente, che potrebbe risanare tutti, guarisce il tale e tal altro e non me o mia figlia? Perché Dio fa preferenze? Perché...perché?». Rispondere, come fa l'interpellato, che Dio è «libero e ama tutti ugualmente come Padre» può risultare risposta evasiva e non convincente (sarà invece proprio questa la risposta risolutiva che il protagonista di *Habemus Papam* darà a se stesso e agli altri...).

2.1. Scelte tecniche e metodologiche

Racconta l'autrice a lavori conclusi:

> «Si è trattato di un qualcosa di molto elaborato. Come avviene sempre in tutto quello che dirigo, dedico parecchia cura alla scelta degli attori ed esigo ogni volta il meglio da loro. Questo film ha richiesto l'impiego di una considerevole quantità di comparse ed essendo impossibile, per ovvi motivi, far chiudere il santuario per girare le scene, è chiaro che, specialmente nelle riprese delle grotte, molte delle persone che si vedono sono dei reali fedeli in visita. In quel determinato frangente si può benissimo dire che si è girato quasi fosse un documentario»[19].

Per realizzare questa pellicola la Hausner si è evidentemente documentata a fondo sulla questione, vivendo in prima persona le dinamiche caratteristiche di un luogo santo come Lourdes.

È difficile pertanto non scorgere, nel personaggio principale di Christine, l'*alter ego* dell'autrice stessa, catapultata in una realtà singolare da osservare rigorosamente con occhio puro e fanciullesco. A tal proposito sempre la Hausner dice:

> «Quando ho avuto modo di conoscere per la prima volta Sylvie ho compreso sin da subito che era l'interprete perfetta per la mia pellicola, convogliava dentro di sé sia l'ottima capacità espressiva sia un accentuato senso dell'umorismo, per me indispensabile; in più possedeva anche quella precisa dose di autoironia spontanea ed il giusto pragmatismo per recitare in storie di questo genere. Da lei non volevo che interpretasse il solito ruolo della donna malata e sofferente, esigevo che la protagonista del mio film desse l'impressione di trovarsi lì quasi casualmente, di essere immobilizzata su una sedia a rotelle ma molto più partecipativa di tanti altri, una che non capisce bene il motivo per cui è lì ma che fa questi pellegrinaggi per uscire dalla monotona solitudine di una vita da handicappata, da emarginata»[20].

Durante la visione è quasi impossibile non notare il poco spazio che occupano sentimenti profondamente cristiani come la solidarietà, la carità e la fede vera e propria; tutto è burocratizzato, ritualizzato, robotizzato. Chi visita quel posto – sembra dirci l'autrice – lo fa non per la salvezza interiore ma per quella più semplicemente fisica, secondo un comprensibile anelito di concretezza ed egoistico istinto umano a vivere un'esistenza il più possibile dignitosa e felice.

---

[19] http://davinotti.com/index.php.

[20] *Ibidem.*

La regista non usa particolari filtri eufemistici per esporre le proprie immagini ed il suo approccio alla materia; d'altronde della sua posizione di scettica (ma non atea) non ne ha mai fatto un gran mistero:

> «Quello che reputo complicato da accettare della dottrina religiosa cattolica è proprio questo tipo di ottica, questo sguardo verso il futuro senza che il presente sia in qualche modo beneficiario di nessun rendiconto positivo. Sperare in una salvezza che probabilmente arriverà e che forse i credenti saranno ricompensati con la vita eterna riesce a rendermi a volte molto dura da accettare ed affrontare l'esistenza di tutti i giorni, non si hanno appigli certi di nessun tipo. Ho difficoltà ad essere credente proprio per questo motivo»[21].

Dalla pellicola emerge una rappresentazione di Lourdes come pseudo-*EuroDisney* per disabili, piuttosto che un luogo di culto, fatta di "giostre" ed "attrazioni" da provare in successione, giorno dopo giorno, un "parco divertimenti" o una "colonia estiva" in cui poco ci si svaga e molto si ristagna, in un ciclico ripetersi impassibile della quotidianità.

La Hausner, come detto, ha le proprie convinzioni, ma la sua regia si dimostra fredda, distaccata, persino irrealistica nella sua asetticità esasperata. Le emozioni restano congelate in un rigore geometrico delle inquadrature di stampo quasi "dreyeriano" e non a caso proprio un capolavoro come *Ordet* (lungometraggio di Carl Theodor Dreyer) sembra esserne il principale modello di riferimento.

Lo stile dell'autrice austriaca ricorda da vicinissimo quello del suo connazionale *Michael Haneke* ma riporta alla mente anche le opere del finnico *Aki Kaurismaki*, nonché consistenti rimandi ad autori nipponici quali Takeshi Kitano e Kiyoshi Kurosawa (sfrondati naturalmente delle loro accezioni iper-violente).

Lourdes è un'opera dotata di una perfetta sintassi geometrica, linda, fatta di sguardi e gesti. L'occhio femminile della cinepresa ha colto senza veli né opportunismi i sentimenti dei malati e dei loro accompagnatori, proiettandoli sullo schermo senza inibizioni, puri nella loro onestà.

La Hausner ha squarciato, con semplicità, il clima del pellegrinaggio, mostrando, tra ammalati e volontari, gli amori, le invidie e i sogni. Christine

---

[21] http://davinotti.com/index.php.

fluttua sulla sua sedia a rotelle e poi sulle sue gambe, mentre intorno a lei si pongono domande sul perché abbia ricevuto la grazia, domande sulla fede, mentre lei riassapora la vita come un bambino che scopre nuove cose.

Chi sceglie di vedere un'opera come *Lourdes* non dovrebbe attendersi risposte esaustive, né tantomeno particolari suggerimenti; dovrebbe piuttosto esser pronto ad affrontare un dubbio, tra i tanti esistenti: la felicità è uno stato del corpo o dell'anima? La Hausner non dà risposte, non rivela nulla, e, per questo, ognuno può scegliere la sua risposta; con studiata ironia e situazioni con finali folkloristici lascia aperto il tema della fede.

Un film che, con imprevedibilità e originalità, fa riflettere e, spesso, sorridere, ma sempre con un marcato sapore agrodolce.

3. Habemus Papam (Nanni Moretti - 2011)

Alla morte di un papa amato ed apprezzato il conclave, composto da centotto cardinali, si riunisce nella cappella Sistina per scegliere il nuovo pontefice. Dopo alcune votazioni incerte viene eletto il francese Melville. All'atto però della proclamazione al pubblico dal balcone, con il classico rituale (*nuntio vobis gaudium magnum...*), il nuovo pontefice è colto da un attacco di panico. A nulla valgono le blande rassicurazioni dei cardinali. Superflui si rivelano i tentativi di ricondurlo agli obblighi del suo ruolo. Alle persone in immobile attesa, viene detto che il papa è raccolto in preghiera.

Melville grida ad alta voce quello che tutti in quel contesto hanno sognato almeno una volta: «Vorrei scomparire!». Si sente stanco, ha crisi di fiducia. Sembra depresso e non sembra esserci un solo uomo che lo possa aiutare. Si respira, in chi dovrebbe essere guidato dalla parola di Dio, un'inconsapevolezza di fondo che rasenta l'infantilismo. Una regressione.

In assenza della pubblicazione del risultato dell'elezione, il conclave non può, per norma, essere sciolto e tutti i cardinali sono reclusi e costretti a restare, senza comunicare con l'esterno, entro i palazzi vaticani. Ad essi si aggiunge anche il prof. Brezzi, il miglior psicoanalista di Roma, chiamato ad analizzare lo stato di salute del cardinale Melville. Dopo i primi colloqui però lo sgomento persiste, tanto che il neo pontefice fugge nel tentativo di vivere una vita "normale". Nel frattempo lo psicanalista attende – organizzando un torneo di pallavolo con i cardinali – che la situazione evolva.

Un disorientamento senza redenzione regna tra le mura del Vaticano. Il sacerdozio è desacralizzato e i cardinali non guardano alla provvisorietà di un magistero senza direzione, ma vorrebbero uscire, visitare una mostra di pittura, andare al bar. Non possono. Finché il papa non si manifesterà mostrandosi alla folla, sono reclusi. E costretti a consolarsi con giochetti e partite a briscola. Qualcuno fuma, altri guardano la tv e solo di notte, in sogno, danno proiezione onirica ai tormenti interiori.

Il portavoce della Santa Sede decide allora di far uscire il papa dalle mura vaticane per avere anche un ulteriore consulto da una nota psicologa, ex-moglie di Brezzi, affinché risolva la questione. Tutto invece si complica perché il Papa, approfittando di un momento di distrazione, scompare per le vie di Roma.

La decisione di allontanarsi dal Vaticano sotto mentite spoglie porterà a situazioni in parte comiche, in parte paradossali che fanno emergere tutta l'umanità di un uomo profondamente solo sulle cui spalle grava una grande responsabilità.

Da giovane voleva fare l'attore, ma fu costretto a rinunciare. Così ha intrapreso un'altra carriera, che l'ha portato, di teatro in teatro, al più grande palcoscenico della storia. Ma scopre che quella parte non è la sua, non gli compete, non ne è all'altezza.

Nel finale si ha la grande rinuncia. «La Chiesa ha bisogno di un profondo rinnovamento, deve amare tutti...», dirà il papa prima di eclissarsi per sempre.

3.1. Scelte tecniche e metodologiche

> «Volevo raccontare la storia di quest'uomo in crisi e mostrarlo dentro un autobus o in giro per Roma. Sono uno spettatore che va a vedere quasi tutto, mi piacciono anche grandi film di Hollywood quando sono fatti bene e amo riguardare i miei film del cuore. Questa volta ho cercato di fare un film che non abbiamo già visto tante volte»[22].

Così Nanni Moretti in un'intervista a cura di Pierpaolo Festa, apparsa sulla rete il 14 aprile 2011, a ridosso della prima proiezione nazionale.

Tecnicamente "importante", con scenografie sontuose, una Cappella Sistina completamente ricostruita negli studi di Cinecittà, dei magnifici costumi e un'epica colonna sonora targata Franco Piersanti, *Habemus Papam* oscilla continuamente, tra commedia e dramma introspettivo, mostrandoci un volto inedito della Chiesa Cattolica, rappresentata da decine di cardinali che nel bel mezzo del Conclave pregano il Signore non per farsi

---

[22] http://www.film.it/film/interviste/habemus-papam-incontro-con-nanni-moretti-a-roma

eleggere, bensì per fuggire dall'incombente responsabilità, riempendo i momenti di pausa con partite a Scopone scientifico. Un punto di vista toccato con garbo da Moretti, riuscito a non cadere nella facile ironia, mai macchiettistica ma anzi sorprendentemente originale, nel saper disegnare i tratti "umani" di persone che dall'esterno, troppo spesso, vengono visti quasi come "divinità" in terra.

Con straordinaria perfidia, il regista si diverte a disegnare un fenomenale prototipo del giornalista televisivo medio italiano, rimanendo comunque sempre dietro le quinte, ovvero all'ombra di un imponente Michel Piccoli, inedito papa in crisi d'identità.

Ed è proprio nel percorso introspettivo seguito da Piccoli per provare a capire e a superare i motivi dell'incalzante stato depressivo, che Moretti probabilmente si perde, tra detto e non detto, finendo per saltare continuamente da una situazione a tratti drammatica (quella del papa in crisi) ad una drammaticamente surreale, e per questo esilarante, che lo vede direttamente protagonista, tra le mura vaticane.

Moretti ha in mente un progetto preciso. Vuole – come ha sempre fatto – ritrarre il mondo, magari deformandolo[23]. La macchina da presa deve scandagliare il fondo dei "sacri palazzi". E qui, proprio qui, sta la macroscopica debolezza del film. Di questo mondo Moretti, ci sembra che manifesti la sua ignoranza, la poca sensibilità e comprensione, pur non mostrando alcun rancore verso la Chiesa come istituzione. Egli riesce a trasformare, con autentica simpatia, gli anziani cardinali in allegri ragazzotti, impegnati a ribattere il pallone dall'altra parte della rete.

Moretti nel suo cinema non è mai stato ostile alla religione. Come non è mai stato ostile alla vita. Probabilmente, come molti della sua generazione, è stato attratto da Giovanni Paolo II (Melville, per sua stessa ammissione, a lui rimanda). L'ultimo successore di Pietro di *Habemus Papam*, però, è privo della dimensione religiosa. Potrebbe essere fabbro, medico, attore,

---

[23] V. Cordelli e R. Costantini (*a cura di*), *Ecce Nanni! Il Cinema di Nanni Moretti*, Centro espressioni Cinematografiche ed., Udine 2006, p. 162.

venditore ambulante. Ma non uomo di fede. Si può fare un film su un uomo di fede staccandolo dalla prospettiva divina? Il giovane don Giulio, nel finale di *La messa è finita*, prima di partire per un posto lontano, spazzato dal vento, finalmente rideva. Sulle note di *Ritornerai* di Bruno Lauzi, il mondo si fermava, e tutti i presenti iniziavano a ballare. *Habemus Papam* si chiude invece nel silenzio, nel buio, nell'angoscia.

> «Cresciuto nei tentacoli di una psicoanalisi di cui sa sorridere, Moretti non si accorge che la Chiesa di *Habemus Papam* è solo, per usare il gergo psicoanalitico, una sua "proiezione". Ha immaginato la morte di una Chiesa vecchia e confusa, ma gliene è sfuggita l'essenza: l'essere la Chiesa "corpo e membra" di Cristo»[24].

È questa l'analisi della Commissione Nazionale Valutazione Film della Conferenza Episcopale Italiana.

> «Ho amato il film moltissimo; è molto bizzarro, divertente, ma anche profondo e disperato. Non funziona niente, né la religione, né lo sport, né la psicanalisi, né il teatro; funziona solo Moretti»

È questo, invece, il giudizio di uno spettatore all'uscita dalla sala cinematografica[25].

Ancora una volta il pubblico si divide. Ciò che rimane unico, però, è lo sguardo sul mondo, sull'uomo che vive impastato di buio e di luce. Ed è proprio questo che colpisce e desta interesse, perché non è né vero, né falso: è l'uomo.

---

[24]http://www.chiesacattolica.it/comunicazione/ucs___ufficio_nazionale_per_le_comunicazioni_sociali/area_stampa/00019745_Il_Papa_di_Moretti_Un_ritratto_umano_ma_senza_la_fede.html.

[25] Cfr. http://trovacinema.repubblica.it/film/critica/habemus-papam/400212.

CAPITOLO TERZO

Il buio della fede: espressione della crisi dell'uomo

1. Il buio e la luce

«Ciak si gira!». Sono le parole che ogni regista e la sua squadra sognano ed attendono dopo il lungo e faticoso lavoro che li ha visti impegnati, immersi nella preparazione e realizzazione di un'opera, della loro "creatura": il film!

«Silenzio in sala!». È invece il momento della "contemplazione". Dal buio comincia la luce, come in un rito. Una luce speciale, potente, capace di "schiantare" delle immagini in una parete bianca, immagini luminose che muovendosi sono vive e danno vita...

Dal cinematografo dei fratelli Lumière (1895) alla rivoluzione digitale dei nostri giorni il principio è rimasto lo stesso: dal buio alla luce!

Non soltanto il principio è rimasto il medesimo, ma anche l'uomo-regista e spettatore è fondamentalmente lo stesso. Di certo è maturato il suo approccio al cinema, la sua capacità critica, la sua coscienza singola relazionata alla "super tecnologia globalizzata". E se anche in questi rilevanti aspetti si è evoluto, tuttavia lui come il cinema è rimasto un impasto di buio e luce, di immagini vivificate dalla luce o mortificate dal buio.

Da Moretti alla Hausner, abbiamo toccato con mano che sì, la luce illumina, dà vita, ma in realtà vivifica ciò che vuole, non ciò che ti aspetti. Così il buio: nasconde ciò che vuole, non ciò che pensavi fosse più opportuno nascondere...

Potenti e poveri, questi due antichi strumenti si rendono disponibili alle mani dell'uomo, del regista che, come un giocoliere, li usa per il suo numero spettacolare attraverso il quale esprime il suo pensiero e lancia il suo messaggio; dello spettatore che, come da un *boomerang*, ne raccoglie gli effetti.

Buio e luce, oltre ad essere strumenti, possono essere ricondotti alla categoria *de Saussuriana* di segni: ciascuno è "qualcosa che sta per qualcos'altro, a qualcuno in qualche modo"[26].

Il buio è, in questa prospettiva, non solo "assenza di luce", ma presenza di una realtà che rimanda a qualcos'altro: buio è paura, dubbio, incertezza, tristezza, pericolo, morte, ecc. Al contrario, dire "luce" è dire vita, certezza, coraggio, chiarezza... C'è tanto altro, allora, dietro un'immagine buia o luminosa. C'è un mondo, uno spazio, un'esperienza, una proposta...

Oltre il cinema, dunque, buio e luce sono segni che vivono nell'esperienza dell'uomo. Si riconoscono facilmente nei racconti della gente, del loro quotidiano vivere e morire.

In tutto ciò c'è anche un paradosso che complica le cose: nella vita dell'uomo non sempre il buio corrisponde o conduce all'idea di "assenza di luce" e non sempre la luce è "assenza di buio". Ciò lo costatiamo dall'esperienza diretta di persone concrete (come i Santi) che, pur vivendo formalmente nella luce della vita hanno sperimentato i buio dell'anima.

Il Cinema gioca molto su questo paradosso e in maniera unica traduce in immagine, parola e movimento questa profonda esperienza umana.

Il "don Giulio" di Moretti in *La Messa è finita*, la figura del papa in *Habemus Papam*, così come la "miracolata" della Hausner in *Lourdes*, nascondono sempre un profondo velo di buio nel loro venire alla luce. C'è vita e forza nel loro agire, nei loro propositi come nelle loro azioni e aspirazioni, ma sempre l'ombra della solitudine, del dubbio e della fragilità esistenziale hanno la meglio e si impongono nei finali.

Al contrario, altre volte, ci si imbatte in personaggi oscuri che tuttavia nascondono una prospettiva positiva e luminosa. È la ricerca dell'uomo che si risolve nello scioglimento del dubbio e nella gioia della certezza ritrovata.

---

[26] Cfr. M. Prampolini, *Ferdinand de Saussure*, Maltemi ed., Roma 2004, p. 23.

Tutto ciò, messo dentro la macchina da presa, diventa lettura, proposta e rappresentazione del reale e dell'umano.

2. Il buio della fede

> Altissimo glorioso Dio, illumina le tenebre de lo core mio.
> Et dame fede dricta, speranza certa e carità perfecta,
> senno e cognoscemento, Signore, che faccia lo tuo santo e verace comandamento[27].

Sono le parole di San Francesco d'Assisi, parole che nascono da una profonda lotta interiore, parole di chi vede attorno e dentro di sé solo buio, ma vuole vederci chiaro, cerca la luce.

Come il Poverello di Assisi, ogni uomo che vive con coscienza e verità la propria esistenza si trova a fare i conti con il lato oscuro di sé e il desiderio di seguire una strada luminosa e certa.

In fondo è il desiderio di don Giulio che, alla fine della sua avventura, decide di partire per una terra lontana in cerca di luce, fuggendo dal buio...

È l'esperienza di Christine, la miracolata di *Lourdes*, che crede che la felicità sia la guarigione, e invece una volta guarita comincia a costatare che la luce forse è altrove...

È il dramma del cardinale Melville che, solo e perso, si sente inadeguato e incapace.

Cristo – ripeteva sempre Madre Teresa di Calcutta – è ovunque: «Nei nostri cuori, nei poveri che incontriamo, nel sorriso che offriamo e in quello che riceviamo». Colui che non abbandona, che riempie ogni vuoto. Diceva sempre così, agli altri, rassicurando chi più dubitava. Ma per lei, Cristo fu egli stesso il vuoto, l'assente, colui che sempre tace.

Per oltre metà della sua vita, un solo grido:

> «Mi hai respinto, mi hai gettato via, non voluta e non amata. Io chiamo, io mi aggrappo, io voglio, ma non c'è Alcuno che risponda. Nessuno, nessuno. Sola... Dov'è la mia Fede?... Perfino quaggiù nel profondo, null'altro che vuoto e oscurità - Mio Dio - come fa male questa pena sconosciuta... Per che cosa mi tormento? Se non c'è alcun Dio non c'è neppure l'anima, e allora anche tu, Gesù, non sei vero... Io non ho alcuna Fede. Nessuna Fede, nessun

---

[27] Fonti Francescane, Editrici Francescane, Padova 2004, p. 167.

amore, nessuno zelo. La salvezza delle anime non mi attrae, il Paradiso non significa nulla... Io non ho niente, neppure la realtà della presenza di Dio»[28].

E si riferiva alla presenza divina più misteriosa, quella nell'ostia consacrata dell'Eucaristia, il perno della fede cattolica: ne parlava così, lei che era conosciuta come la piccola donna con la fede più grande del mondo.

Spiegava agli altri, Madre Teresa: «La mia anima è in uno stato di perfetta gioia e di pace». Ma quella stessa anima, nei suoi pensieri più intimi, e anche nei giorni in cui meritava con la sua fede il premio Nobel per la Pace, la descriveva poi come «un blocco di ghiaccio», abbandonata in una «terribile oscurità», «nell'aridità spirituale», fra «le torture della solitudine»: che però mai la piegarono fino a farle abbandonare la sua missione.

Per oltre cinquant'anni, è stato così: non la fugace crisi spirituale, durata pochi mesi, di cui già avevano parlato i biografi. Ma molto di più e di più profondo, un cammino di decenni sull'orlo del precipizio, simile alla «Notte oscura» di San Giovanni della Croce, o alla ricerca indomabile del «*Deus absconditus*», il Dio nascosto di Blaise Pascal[29].

A ben vedere l'esperienza drammatica del buio della fede e della ricerca della luce è presente nella stessa Bibbia, in molti passi. Tra i tanti citiamo le parole del Salmo 129:

Dal profondo a te grido, o Signore;
Signore, ascolta la mia voce.
Siano i tuoi orecchi attenti
alla voce della mia preghiera
[...]
L'anima mia attende il Signore
più che le sentinelle l'aurora[30].

Il salmo disegna la figura del credente immerso nel buio del peccato che non resta prigioniero della situazione di morte in cui viene a trovarsi ("dal profondo"), ma la supera, rivolgendosi a Dio ("io grido: ascolta la mia voce!"), forte di una certezza ("presso di te è il perdono") che alimenta la

---

[28] Teresa di Calcutta, *Sii la mia luce*, Kolodiejchuk B. (*a cura di*), Biblioteca Universitaria Rizzoli, Milano 2009, p. 118.

[29] Cfr. Blaise Pascal, *Pensieri ed altri scritti*, Edizioni San Paolo 1996, p. 206.

[30] La Bibbia di Gerusalemme, Centro editoriale dehoniano, Bologna 2009, p. 1370.

sua speranza ("spero nel Signore"), ravviva l'attesa ("l'anima mia attende il Signore") e lo spinge verso la luce ("l'aurora").

Possiamo dire allora che il buio della fede è per l'uomo in ricerca la possibilità concreta di conoscere se stesso e il senso della vita, e in questa conoscenza aprirsi al divino, luce del suo cammino.

3. La crisi dell'uomo

Che l'uomo contemporaneo sia un uomo profondamente in crisi, ciò appare chiaro non solo dalla prospettiva religiosa, ma dall'arte stessa: cinema, pittura, scultura, letteratura...

È un *mal de vivre* globale che investe ogni aspetto della vita così tanto da mettere in discussione ogni cosa, ogni aspetto dell'esistenza.

Questa situazione nasce storicamente dopo la seconda guerra mondiale, e segna la caduta di ogni certezza umana.

I pensatori che si fanno interpreti di questa crisi caratterizzano il passaggio da una speculazione sistematica ad una tipologia di riflessione che Gianni Vattimo designa col nome di "pensiero debole"[31].

La mancanza di fondamenti solidi in risposta alle domande fondamentali che l'uomo da sempre si pone sulla sua esistenza e sul senso della vita, si definisce come crisi della metafisica tradizionale, e determina uno svuotamento del compito della stessa filosofia come scienza della conoscenza.

La caduta del paradigma metafisico culmina in una sostanziale crisi dei valori etici, che Nietzsche preannuncia con il "nichilismo"[32].

L'uomo, che ha ucciso il suo Creatore, ha distrutto con Dio tutti i valori. Ne deriva perciò il vuoto permanente della crisi dei valori tradizionali. Trattasi di quel deserto di senso che Husserl prospetta come orizzonte bisognoso di essere colmato dall'uomo contemporaneo, grazie

---

[31] Cfr. G. Vattimo, P. A. Rovatti, *Il pensiero debole*, Feltrinelli, Milano 2010, pp. 12-89.

[32] Cfr. V. Possenti, *Il nichilismo teoretico e la «morte della metafisica»*, Armando Editore, Roma 1995, pp. 35-66.

all'aiuto dei filosofi[33].

Bisogna restituire compiti di responsabilità all'uomo della storia, che deve pretendere di ritornare ad essere protagonista del suo percorso esistenziale.

Il cinema, grazie al suo linguaggio visivo che armonizza buio e luce, concilia il pensiero astratto con la vita, attraverso l'uso di concetti-immagine che permettono di creare un clima di empatia tra l'opera rappresentata e gli spettatori in sala, mostrando talvolta, attraverso effetti fantastici e surreali, una visione quasi onirica ed inconscia della realtà, che si fonde con riflessioni psicologiche e sociologiche sulla condizione umana.

La cinematografia contemporanea ripercorre il dramma di un uomo senza luogo e senza tempo, psichicamente frustrato, e incapace di comunicare il suo dolore, la sua inettitudine a vivere in un mondo che pure egli stesso ha costruito, che popola città invisibili, perso dietro la sua propria solitudine, senza un Dio che implichi un approdo.

Il futuro che è doveroso sperare è un'ultima frontiera per una nuova ragione dialogante, argomentativa ed etica, in cui si ponga come obiettivo per tutti l'incontro delle civiltà e l'integrazione culturale, e in cui l'arte riacquisisca il valore pedagogico di strumento educativo forte, presentando valori intramontabili per gli uomini di tutti i tempi.

"Solo un dio ci può salvare...", diceva Heidegger[34], e l'umanità deve assumersi il compito oneroso di edificare una nuova etica dei valori, che aborrisca tanto l'assoluto e il dogma quanto il nichilismo e il vuoto di senso e di significato.

L'arte cinematografica ha il potere di compiere questo ambizioso progetto. È in grado di farlo perché, in quanto Arte, ha il potere di risvegliare nell'uomo la coscienza di essere stato creato "con-creatore", costruttore e protagonista del suo "luminoso" destino.

---

[33] Cfr. A.A. Bello, *Husserl: sul problema di Dio*, Edizioni Studium, Roma 1985, pp. 25-58.

[34] M. Heidegger, *Ormai solo un dio ci può salvare*, Guanda ed., Parma 2011, pp. 7-82.

CONCLUSIONE

È ormai evidente che esiste la crisi dell'uomo moderno, ma non è bene limitarsi a considerare questo fenomeno come negativo perché, se è vero che gli uomini sono in crisi, è anche vero che lo sono rispetto a un concetto di "crescita e sviluppo" altamente stereotipato e culturalmente determinato.

È per questo che è meglio utilizzare il termine "crisi" nella sua vera accezione ed etimologia, in quanto momento di spinta verso un cambiamento effettivo e sostanziale: l'umanità sta vivendo un momento di transizione socio-culturale e, come tutti i momenti di transizione, complesso e difficile da affrontare.

Gianni Canova (critico cinematografico italiano), interrogandosi sulla crisi della forma che investe il cinema contemporaneo, individua alcuni evidenti segni/sintomi di tale crisi e li propone come elementi attraverso i quali indagare la mutazione che sta cambiando in profondità il cinema (e la cultura contemporanea)[35].

1. La crisi del visibile

Quello che emerge con sempre maggior evidenza nel cinema contemporaneo è la consapevolezza dello scarto inevitabile tra *visione* e *conoscenza*: se il cinema moderno era convinto di poter sopperire con la propria tecnologica riproduttiva alle debolezze e miopie dello sguardo umano, il cinema contemporaneo non ci crede più perché sa che la tecnologia non serve a riprodurre il vero, ma anzi serve sempre più a simulare il falso e reagisce con il rifiuto di continuare a rapportarsi al mondo attraverso lo sguardo[36].

---

[35] Cfr. G. Canova, *L'alieno e il pipistrello: la crisi della forma nel cinema contemporaneo*, Bompiani ed., Milano 2000, p. 7-180.

[36] Cfr. *Ibidem*.

Nel film *Lourdes*, ad esempio, c'è un chiaro e agnostico rifiuto dell'invisibilità del miracolo, contro invece la probabilità che ad esso è data dallo sguardo di fede.

2. La crisi del diegetico

Anche certo cinema contemporaneo sembra adottare una temporalità flessibile, circolare, stratificata, un impianto diegetico che svuota di senso le categorie del prima e del dopo e che fa muovere gli eventi secondo una logica imprevedibile ed erratica, secondo un modello di "opera aperta" ipertestuale, percorribile in più direzioni e soggetta a differenti letture.

Esempio emblematico di tutto ciò è *Lourdes* di J. Hausner che pone lo spettatore nella condizione di non sapere da che parte stare, esibendo nell'opera quelle caratteristiche di esitazione, indeterminatezza, instabilità, dinamicità sospesa e dispersiva tipiche del racconto postmoderno che mette in scena soprattutto il proprio raccontare, la propria testualità in quanto tale facendo di sé l'oggetto e il terreno specifico del proprio comunicare[37].

3. La crisi dell'iconico

Nella scena centrale del film *Habemus Papam* di Moretti c'è la fuga dalla realtà, o meglio dall'immagine stereotipata del reale: il Papa fugge da se stesso. La fuga in questo caso si trasforma nell'oggetto che mostra la non-corrispondenza tra l'immagine e la realtà: il protagonista sconta il dramma della perdita dell'identità perché legato profondamente a un'idea unica, fragile e nostalgica della propria immagine, incapace di praticare quel rapporto erratico e nomadico con l'immagine e con la percezione della propria identità che si configura come uno dei tratti distintivi oltreché necessari della contemporaneità[38].

---

[37] Cfr. *Ibidem*.
[38] Cfr. *Ibidem*.

4. La crisi delle forme filmiche

Il cinema contemporaneo esprime anche la difficoltà di funzionare attraverso alcune sue forme filmiche consolidate come:

- la *soggettiva* che tende a rompere l'identificazione tra lo sguardo del film, quello del personaggio e quello dello spettatore per segnalare piuttosto il loro scollamento e la loro differenza, per cui tale distanza diviene elemento indispensabile alla comprensione;
- la *dissolvenza incrociata* che diventa da figura tipica della produzione del senso (come luogo di connessione e transizione) a figura che occlude/preclude il senso per l'eccesso di segni che si sovrappongono e si confondono e si mescolano, addirittura le immagini paiono riprodursi da sé, generarsi da sole in modo spontaneo e impazzito;
- il *flashback* che, da forma del recupero/riorganizzazione del passato dotata di funzione chiarificatrice, diviene una figura della frantumazione e della complicazione, elemento di "oscuramento" che segnala l'impossibilità di liberarsi dalle immagini del passato, di attribuire loro senso;
- il *piano sequenza* che infine non garantisce più l'ontologica contiguità del cinema con la realtà e, sganciandosi da ogni pretesa di verosimiglianza, diviene puro artificio della messa in scena, artificio che sperimenta e mostra la difficoltà/incapacità di vedere, produce un massimo di visibilità quasi nevrotica a cui corrisponde il minimo dei contenuti "reali" della visione, così ebbra ed eccitata ma vuota.

Al termine di questo studio "sul" e "dal" Cinema si è tentato di gettare uno sguardo sull'uomo.

Quest'uomo si è rivelato fragile e forte allo stesso tempo, impasto di buio e di luce. La constatazione del suo essere "in crisi" ha confermato che, in ultima analisi, è tutta l'Arte ad esserlo, e la stessa fede in Dio.

Come però insegnano le teorie economiche, alla crisi succede sempre una crescita, uno sviluppo, un futuro ricco di novità da conoscere e vivere.

Nell'attesa di questa novità, è opportuno vivere, facendo sì che la luce vinca sul buio.

INDICE

CAPITOLO TERZO

Printed by Books on Demand GmbH, Norderstedt / Germany